ERDBEERZEIT

Klassiker und brandneue Rezeptideen für die

ERDBEERZEIT

Inhaltsverzeichnis

Inhaltsverzeichnis

Vorwort

Nicht alles, was süß und verführerisch ist, ist auch gesund. Aber Erdbeeren sind es ganz bestimmt! Und weil sie zu den ersten Früchten des beginnenden Sommers zählen, sind ihre Vitamine besonders wertvoll.

Nun kann's also wieder losgehen. Nützen Sie die kurze Erdbeersaison, und holen Sie sich die roten Verführer auf den Tisch. Lassen Sie sich von den Rezepten inspirieren, und haben Sie Mut, auch einmal etwas Neues auszuprobieren. Freuen Sie sich auf neue, köstliche Geschmackserlebnisse. Möge dieses Buch dazu beitragen, dass Sie am Ende der Erdbeezeit sagen: „Schade, dass es schon wieder vorbei ist."

Einführung

Die erste Gartenfrucht des Jahres, die bei uns reift, ist zugleich die beliebteste: die Erdbeere. Wenn wir sie pflücken können, wissen wir, dass der Sommer da ist. Die Ernte ist meistens sehr ergiebig, doch leider ist die Erdbeersaison kurz, und Erdbeeren sind kaum lagerfähig. So stellt sich die Frage: Wohin mit der reichen Ernte? Einfach pflücken und aufessen? Erdbeertorte? Erdbeerbowle? Marmelade? Ja natürlich, das auch. Aber ein paar mehr Varianten sollten es schon sein, wenn wir die Lust an dieser schönen Frucht nicht verlieren wollen. So finden Sie in den nachfolgenden Rezepten nicht nur Süßspeisen, sondern auch Herzhaftes, zum Beispiel Salate mit Erdbeeren. Oder können Sie sich Fisch mit Erdbeeren vorstellen? Nein? Probieren Sie es!

Woher kommen die Erdbeeren?

Im Vergleich zu anderen Obstarten haben Erdbeerpflanzen einen sehr kurzen Lebenszyklus, im gewerbsmäßigen Anbau selten mehr als zwei Jahre. Entsprechend rasch ist die Folge an Neuzüchtungen, die immer wieder auf den Markt kommen. Mittlerweile gibt es über tausend Erdbeersorten. In den letzten Jahrzehnten wurden allerdings Erdbeeren mit Eigenschaften gezüchtet, die eher den Interessen des Handels als denen des Konsumenten dienen: Dies ist vor allem eine gute Transport- und Lagerfähigkeit des Obstes. Außerhalb unserer Erdbeer-Hauptsaison kommt viel Ware aus südlichen Ländern. Die Erdbeeren müssen also hinreichend robust sein, um eine ein- oder zweitägige Reise im LKW plus die Liegezeit im Ladengeschäft schadlos zu überstehen. Aber solche robusten Erdbeeren sind selten die aromareichsten, schon gar nicht, wenn sie wegen der langen Reisezeit weit vor der optimalen Reife geerntet wurden. Sie kennen vielleicht auch diese schön anzusehenden, aber saftlosen Erdbeeren, bei denen Sie das Gefühl haben, in Schaumgummi zu beißen. Mit dem aromatischen

Duft und intensiven Geschmack von »richtigen Erdbeeren« hat das nicht mehr viel zu tun.

Anders sieht es aus bei Erdbeeren aus heimischem Anbau. Wenn der Erzeuger weiß, dass die geernteten Erdbeeren rasch verarbeitet und konsumiert werden, kann er bei der Auswahl seiner Sorte bevorzugt auf die geschmacklichen Eigenschaften achten, das heißt, er kann (und sollte!) aromareichere Sorten anbauen und diese auch ausreifen lassen.

Je kürzer und schneller der Weg von der Ernte bis zum Tisch, desto besser. Wenn Sie nicht in der glücklichen Lage sind, Erdbeeren im eigenen Garten anbauen zu können, dann sollten Sie sie nach Möglichkeit wenigstens selbst ernten. Es gibt viele Erdbeerplantagen, wo dies möglich ist – vielleicht auch in Ihrer Nähe. Dort können Sie den Geschmack der Beeren direkt testen und den optimalen Erntezeitpunkt selbst wählen.

Frische heimische Ware bietet in der Hauptsaison auch der gut erkennbare Straßenverkauf.

Die beste Tageszeit zum Pflücken ist der frühe Vormittag, wenn die Beeren von der Nacht noch kühl sind. Und natürlich brauchen Sie nur vollreife Erdbeeren zu nehmen, die auf dem Höhepunkt ihrer geschmacklichen Entwicklung sind. Auf dem Wochen- oder Bauernmarkt finden Sie ebenfalls frische, gut ausgereifte Erdbeeren aus Ihrer Umgebung. Wenn diese nicht so lange lagerfähig sind wie die Importware, so hat dies die genannten Gründe und sollte darum positiv gesehen werden. Der wesentliche Vorteil importierter Erdbeeren besteht darin, dass sie ab April bis in den späten Herbst verfügbar sind. Aber ist das wirklich ein Vorteil? Wird die Vorfreude auf die Erdbeersaison nicht getrübt, wenn es diese Früchte fast ganzjährig zu kaufen gibt?

Richtig transportieren und lagern

Erdbeeren sind außerordentlich empfindlich, was Transport und Lagerung betrifft. Vollreif reagieren sie schon auf leichtes Drücken mit weichen, wässrig werdenden Flecken, die schnell in Fäulnis übergehen. Schon beim Pflücken sollten Sie dies berücksichtigen und die Beeren mit dem Daumennagel am Stiel von der Pflanze trennen. Die kleinen grünen Kelchblätter, Blattrosette genannt, sollten bis unmittelbar vor der Verarbeitung an der Beere bleiben. Legen Sie die gepflückten Erdbeeren in nur wenigen Schichten übereinander in möglichst flache, gut luftdurchlässige Körbe. Die meisten Obstsorten und ganz besonders Erdbeeren müssen „atmen" können. Andernfalls könnten sie sehr schnell schimmeln bzw. faulen. Lagern Sie Erdbeeren nach der Ernte oder nach dem Kauf so rasch wie möglich kühl. Kälte verlangsamt den weiteren Reifeprozess, kann ihn aber nicht stoppen. Auch im Kühlschrank sollten Sie Erdbeeren nicht länger als maximal zwei Tage aufbewahren. Das volle Erdbeeraroma genießen Sie nur, wenn Sie die Beeren erntefrisch verzehren. Auch die reichlich vorhandenen Vitamine verflüchtigen sich bei der Lagerung sehr schnell.

Plastiktüten zum Pflücken mögen bequem sein. Danach müssen die empfindlichen Erdbeeren aber luftig in Körben flach gelagert und transportiert werden.

Schnell verarbeiten

Bei der Zubereitung sollten Erdbeeren ebenfalls äußerst schonend behandelt werden. Waschen Sie die Beeren vorsichtig in kaltem Wasser, und achten Sie darauf, dass kein Wasserstrahl die empfindliche Haut verletzt. Die Blattrosette entfernen Sie erst nach dem Waschen, damit kein Wasser in die Beere eindringt und den Fruchtsaft verwässert. Lassen Sie dann die Erdbeeren auf Küchenpapier abtropfen. Sie können sie auch vorsichtig abtupfen. Je nach Größe der Erdbeeren werden sie entweder als ganze Früchte verwendet oder mit dem Messer geteilt. Geteilte Erdbeeren sollten sofort weiter verarbeitet werden, da die Teilstücke ihren Fruchtsaft abgeben und weich und matschig werden. Dies ist besonders der Fall, wenn die Erdbeeren gezuckert werden.

Erdbeeren einfrieren?

Erdbeeren lassen sich zwar einfrieren, aber die Qualität der eingefrorenen und wieder aufgetauten Beeren reicht bei weitem nicht an diejenige von frischen Früchten heran. Aufgetaute Erdbeeren haben nicht nur ihr intensives Aroma, sondern auch ihr frisches Rot verloren. Sie wirken eher blass-braun, und ihre Konsistenz ist schwammig weich. Das Einfrieren ist darum nur denjenigen zu empfehlen, die im eigenen Garten ein Übermaß an Erdbeeren ernten und innerhalb der kurzen Saison keine andere, bessere Verwendung finden.

Zubereitung

ca. 60 Minuten (ohne Kühlzeit) 12 Portionen

Zutaten

250 g Halbbitterkuvertüre

150 g Amaretti (Mandelmakronen)

1 kg Erdbeeren

1 unbehandelte Zitrone

600 g Doppelrahmfrischkäse

500 g Joghurt

Mark einer Vanilleschote

2 Pck. Vanillezucker

100 g Zucker

12 Blatt weiße Gelatine

1 Pck. Roter Tortenguss

2 EL Zucker

¼ l klarer Apfelsaft

25 g gehackte Pistazien

Die Kuvertüre im Wasserbad schmelzen. Die Amaretti grob hacken und unterrühren. Eine Springform (26 cm Ø) mit Backpapier auslegen und die Schokomasse einstreichen. Im Kühlschrank fest werden lassen.

Inzwischen die Erdbeeren waschen und putzen. Etwa 300 Gramm davon pürieren. Die Zitronenschale abreiben und die Zitrone auspressen. Frischkäse mit Joghurt, Vanillemark, Vanillezucker, Zucker, Zitronensaft und -schale verrühren. Das Erdbeerpüree unterrühren.

Gelatine in kaltem Wasser 10 Minuten einweichen, ausdrücken, bei schwacher Hitze auflösen und in die Erdbeercreme rühren. Die Masse im Kühlschrank etwas fest werden lassen, dann auf den Tortenboden streichen. Wieder in den Kühlschrank stellen und ganz fest werden lassen. Die restlichen Erdbeeren auf der Torte verteilen.

Den Tortenguss mit Zucker und Apfelsaft nach Packungsanleitung zubereiten. Etwas abkühlen lassen und über die Torte geben. Pistazien darüber streuen und die Torte auskühlen lassen.

ise-Erdbeer-Torte

orte

Zubereitung

ca. 30 Minuten (ohne Kühlzeit) 4 Portionen

Zutaten

1 kg Erdbeeren

200 g Gelierzucker

2 Eier

150 g Paniermehl

4 Stück runde Camembert à 100 g

Öl zum Backen

einige Minzeblättchen

etwas Kresse

Die Erdbeeren waschen und putzen. Eine Hälfte pürieren und mit dem Gelierzucker verrühren, bis sich der Zucker aufgelöst hat. Die restlichen Erdbeeren in kleine Stücke schneiden und unterheben. Zwei Stunden auskühlen lassen.

Auf einem Teller die Eier verrühren, auf einen anderen Teller Paniermehl geben. Die Camemberts zuerst im Ei, dann im Paniermehl wenden. In einer Pfanne Öl erhitzen, darin die Camemberts goldgelb backen.

Die fertigen Camemberts aus der Pfanne nehmen, auf Küchenpapier abtropfen lassen. Zusammen mit dem Erdbeerkompott anrichten und mit Minzeblättchen und Kresse garnieren.

Tipp

Ein frisches Baguette und ein Glas trockener Weißwein runden das Gericht ab.

Erdbeerkompott

eerkompott

Zubereitung ca. 20 Minuten 4 Portionen

Zutaten

350 g Spargel

Salz

Zucker

200 g Feldsalat

400 g Erdbeeren

3 EL Balsamessig

6 EL Olivenöl

frisch gemahlener weißer Pfeffer

Den Spargel schälen. In einem Topf Wasser mit Salz und einer Prise Zucker zum Kochen bringen, den Spargel hineinlegen – er soll nur knapp mit Wasser bedeckt sein – und in etwa 15 bis 20 Minuten weich garen. Dann den Spargel entnehmen und in Stücke schneiden.

Feldsalat und Erdbeeren putzen, waschen und trocknen. Die Erdbeeren in kleine Stückchen oder Scheibchen schneiden. Zusammen mit dem Feldsalat und dem Spargel in eine Glasschüssel geben.

Aus Balsamessig, Olivenöl, Salz, Pfeffer und einer Prise Zucker eine Sauce anrühren. Die Sauce über den Salat geben und vor dem Servieren kurz ziehen lassen.

Wer es etwas pikanter möchte, kann den Salat mit ein paar Scheiben Salami garnieren.

Tipp

Servieren Sie den Salat mit frischem Baguette oder Toast.

at mit Erdbeeren

beeren

Zubereitung ca. 15 Minuten 4 Portionen

Zutaten

500 g Erdbeeren
350 g Rhabarber
2–3 EL Zucker
gehackte Pistazien
Krokant

Erdbeeren waschen, putzen. Einige Beeren für die Dekoration beiseite legen, die restlichen halbieren.

Den Rhabarber waschen, putzen, schälen und in etwa 2 Zentimeter große Stücke schneiden. Erdbeeren und Rhabarber in einen Topf geben, Zucker hinzufügen, und alles bei mittlerer Hitze zerkochen lassen.

Das Kompott im Cocktailglas anrichten, mit Pistazien und Krokant bestreuen und mit ganzen oder halben Erdbeeren verzieren.

abarber-Kompott

Zubereitung ca. 30 Minuten (ohne Kühlzeit) 4 Portionen

Zutaten

Für die Mousse:

3 Blatt weiße Gelatine
4 Eigelb
4 EL Puderzucker
Mark einer Vanilleschote
1/8 l Milch
250 g Sahne

Für das Erdbeermark:

500 g Erdbeeren
Saft einer Zitrone
50 g Puderzucker
1 Pck. Vanillezucker
3 EL Amaretto oder Mandelsirup

Außerdem:

Fertige Schokoladensauce aus dem Glas
Einige Blättchen Zitronenmelisse

Die Gelatine in kaltem Wasser einweichen. Eigelb, Puderzucker, Vanillemark und Milch im Topf verrühren und bei mittlerer Hitze zu einer dicklichen Masse aufschlagen.

Die ausgedrückte Gelatine unter die heiße Creme rühren und kalt stellen. Wenn die Creme zu gelieren beginnt, die Sahne steif schlagen, unterheben und das Ganze nochmals 2 Stunden kalt stellen.

Die Erdbeeren waschen und putzen. Einige halbieren und zum Garnieren zur Seite legen. Die restlichen Erdbeeren teilen, pürieren, und Zitronensaft, Puderzucker, Vanillezucker und Amaretto unterrühren.

Von der Mousse mit einem Esslöffel Nocken abstechen. Je 3 Nocken auf einen Teller legen, Erdbeermark und Schokoladensauce zugeben und mit Melisseblättchen garnieren.

Vanillemousse mit

nousse mit Sauce

uce

Zubereitung

ca. 40 Minuten (ohne Kühlzeit) 8 Portionen

Zutaten

750 g Erdbeeren
4 EL Zucker
2 EL Himbeergeist
8 Blatt rote Gelatine
500 g Sahne
2 Päckchen Vanillezucker
100 g Löffelbiskuits

Die Erdbeeren waschen und putzen. 500 g der Erdbeeren pürieren, Zucker und Himbeergeist unterrühren.

Die Gelatine im Wasser einweichen, bei schwacher Hitze auflösen und dann unter das Erdbeerpüree rühren. Etwa 30 Minuten abkühlen lassen.

Die Sahne mit Vanillezucker steif schlagen. Etwas Sahne mit Hilfe eines Spritzbeutels sorgfältig in den Rand einer kleinen Springform (18 cm Ø) spritzen.

Die Löffelbiskuits am Innenrand der Form senkrecht aufstellen (gezuckerte Seite nach außen).

Von den restlichen 250 g Erdbeeren ein paar Beeren für die Dekoration beiseite legen. Den Rest in Würfel schneiden und zusammen mit der verbliebenen Sahne unter das Fruchtpüree ziehen. Die Masse in den Ring füllen und etwa 2 bis 3 Stunden auskühlen lassen.

Den Springformrand lösen, die Charlotte auf dem Springformboden lassen, auf einem Teller anrichten und mit den beiseite gelegten Erdbeerhälften verzieren.

Erdbeer-Charlotte

Erdbeer-Charlotte

Zubereitung ca. 30 Minuten (ohne Backzeit) 6 Portionen

Zutaten

1 l Milch

Salz

1 Pck. Zitronenschalenaroma

175 g Hartweizengrieß

30 g Butter

80 g Zucker

3 Eier, getrennt

850 g Erdbeeren

250 g Himbeeren

5 EL Puderzucker

Fett für die Form

Die Milch zusammen mit einer Prise Salz und dem Zitronenschalenaroma zum Kochen bringen. Den Grieß bei ausgeschalteter Herdplatte einrühren. 10 Minuten quellen lassen und anschließend kalt stellen.

Butter mit Zucker und Eigelb schaumig schlagen und unter den bereits abgekühlten Grieß rühren. Das Eiweiß steif schlagen und unterziehen. Den Backofen auf 200° C vorheizen.

750 g der Erdbeeren waschen und halbieren. Eine Auflaufform einfetten und die Hälfte des Grießbreis einfüllen. Die Erdbeeren darüber geben und mit der anderen Hälfte des Grießbreis bedecken.

Den Auflauf im Backofen 30 bis 40 Minuten garen. In der Zwischenzeit die restlichen Erdbeeren sowie die Himbeeren waschen, putzen und pürieren. Den Puderzucker unterrühren und die Fruchtsauce zum warmen Auflauf servieren.

Tipp *Den Grießauflauf können Sie je nach Saison auch mit anderen Frucht- und Obstsorten zubereiten.*

Fruchtiger Grießau

ger Grießauflauf

auf

Zubereitung

ca. 45 Minuten (ohne Durchziehen)

4-6 Portionen

Zutaten

900 g Erdbeeren

50 g Zucker

3 EL Zitronensaft

3 TL Speisestärke

3 EL Erdbeerlikör

3 unbehandelte Zitronen

120 g Butter

100 g Zucker

3 Eier

Die Erdbeeren putzen und vierteln. Etwa die Hälfte der Früchte in einem Topf bei mittlerer Hitze zusammen mit Zucker, Zitronensaft und 200 ml Wasser unter Rühren aufkochen lassen, dann abseits der Herdplatte zugedeckt 1 Stunde ziehen lassen.

Mit dem Schaumlöffel die Früchte abschöpfen. Es bleibt etwa ½ Liter Erdbeersaft zurück. Die Speisestärke mit etwas kaltem Wasser glatt rühren. Den Erdbeersaft aufkochen und mit der Stärke binden. 15 Minuten abkühlen lassen, dann die frischen Erdbeeren und den Erdbeerlikör zugeben und kalt stellen.

Die Zitronen in heißem Wasser kräftig bürsten. Von einer Zitrone die Schale sehr fein abreiben. Alle 3 Zitronen auspressen. Zitronensaft, Butter und Zucker mit einem Schneebesen rühren und aufkochen lassen. Die Eier verquirlen und einrühren. Eine Minute unter ständigem Rühren kochen lassen. Dann die Masse durch ein feines Sieb streichen und etwa 15 Minuten abkühlen lassen.

Zitronencreme und Erdbeermasse in mehreren Lagen in Cocktailgläser füllen. Mit einer Schicht Erdbeermasse abschließen. Gut gekühlt servieren.

er Erdbeer-Becher

cher

Zubereitung

ca. 60 Minuten (ohne Kühlzeit) 12 Stück

Zutaten

Für den Teig:

100 g Butter
70 g Zucker
1 Päckchen Vanillezucker
2 Eier
150 g Mehl
1 TL Backpulver
3 EL Milch
eventuell Eierlikör
Fett für die Form

Für die Erdbeersahne:

500 g Erdbeeren
Zucker
600 g Sahne
3 Päckchen Sahnesteif
2 Päckchen Vanillezucker
30 g Haselnusskrokant

Backofen auf 180° C vorheizen. Eine Springform (26 cm Ø) einfetten.

Butter mit Zucker und Vanillezucker cremig rühren. Die Eier nach und nach unterrühren. Mehl, Backpulver und Milch dazugeben und alles gut verrühren. Den Teig in die Backform füllen, 20 Minuten backen, danach auf einem Kuchengitter auskühlen lassen.

Die Erdbeeren waschen. 12 mittelgroße Früchte zur Dekoration auf die Seite legen. Die verbleibenden Erdbeeren putzen. 200 g Erdbeeren pürieren und mit einer kräftigen Prise Zucker süßen. Die restlichen Erdbeeren würfeln.

Den Tortenboden auf eine runde Platte setzen und mit dem Rand der Springform ummanteln. Nach Belieben mit Eierlikör beträufeln. Die Sahne mit Sahnesteif und Vanillezucker schlagen. Das Erdbeerpüree, die gewürfelte Erdbeeren und etwa 20 g Haselnusskrokant unterheben. Die Erdbeer-Sahne-Mischung auf den Tortenboden streichen und die Torte im Kühlschrank kalt stellen.

Nach 2 bis 3 Stunden vorsichtig den Springformrand lösen. Die Torte mit dem restlichen Krokant bestreuen und mit ganzen Erdbeeren verzieren.

Erdbeersahnetorte

rdbeersahnetorte

Zubereitung ca. 15 Minuten 4 Portionen

Zutaten

1 EL Walnussöl

3 EL Distelöl

¼ Liter Orangensaft

150 g Feldsalat

300 g Erdbeeren

150 g Schnittkäse (z.B. Emmentaler)

frisch gemahlener schwarzer Pfeffer

Für die Salatsauce das Walnussöl und Distelöl gründlich mit dem Orangensaft verrühren. Den Feldsalat waschen und putzen.

Erdbeeren waschen, putzen und in Stücke schneiden. Käse in kleine Streifchen schaben. Nun die Erdbeeren mit der Salatsauce gut vermischen, die Käsestreifchen darüber geben und mit frisch gemahlenem schwarzen Pfeffer würzen.

Erdbeer-Käse-Salat

rdbeer-Käse-Salat

Zubereitung ca. 35 Minuten 4 Portionen

Zutaten

Für die Streusel:

50 g Butter
50 g Zucker
100 g Mehl
Salz
1 Pck. Vanillezucker
1 Pck. Zitronenschalenaroma

Für die Quarkmasse:

50 g weiche Butter
80 g Zucker
500 g Magerquark
4 Eigelb
1 Pck. Vanillezucker
Salz
etwas Zitronenschalenaroma
20 g Hartweizengrieß
1 Pck. Vanillepuddingpulver
4 Eiweiß
Butter für die Form
350 g Erdbeeren

Backrohr auf 200° C vorheizen.

Für die Streusel die Butter mit den anderen Streuselzutaten verkneten und 30 Minuten kühl stellen.

Für die Quarkmasse Butter, Zucker, Quark, Eigelb, Vanillezucker, einer Prise Salz, Zitronenschalenaroma, Grieß und Puddingpulver verrühren. Das Eiweiß steif schlagen und vorsichtig unterheben.

Eine runde, hohe, feuerfeste Auflaufform mit Butter einfetten und den Boden mit etwa 1/3 der Streusel bedecken.

Die Erdbeeren putzen, waschen und vorsichtig unter die Quarkmasse heben. Die Masse auf die Streusel geben, darauf die restlichen Streusel verteilen. Den Auflauf etwa 45 Minuten backen.

Tipp *Servieren Sie den Auflauf mit Vanillesauce oder Vanilleeis.*

Erdbeer-Auflauf

Erdbeer-Auflauf

Zubereitung

ca. 15 Minuten
(ohne Durchziehen)

10-12 Portionen

Zutaten

1 kg reife Erdbeeren

2 EL Zucker

¼ l Campari

1 unbehandelte Zitrone

1 unbehandelte Orange

1 Flasche
(¾ l) kühler Weißwein

1 Flasche
(¾ l) kühler Sekt

Erdbeeren waschen, putzen, halbieren und in ein Bowlegefäß füllen. Zucker und Campari dazu geben und einige Stunden durchziehen lassen.

Die Zitrone und die Orange heiß abwaschen und die Früchte in Scheiben schneiden. Die Scheiben zu den Erdbeeren geben und den gut gekühlten Weißwein und Sekt dazugießen. Eiskalt servieren.

Erdbeer-Bowle

Erdbeer-Bowle

Zubereitung ca. 15 Minuten (ohne Backzeit) 4 Portionen

Zutaten

200 g Erdbeeren

1 EL Amaretto

2 Eiweiß

40 g Zucker

Fett für die Förmchen

Backofen auf 200° C vorheizen. 4 kleine Soufflé-Förmchen einfetten.

Die Erdbeeren waschen und putzen. Die Beeren pürieren und den Amaretto einrühren.

Das Eiweiß sehr steif schlagen, langsam den Zucker einrieseln lassen und kräftig unterschlagen. Den Eischaum vorsichtig unter das Püree heben, so dass die Marmorierung erhalten bleibt.

Die Förmchen jeweils zu etwa 2/3 mit der Mischung füllen. Die Soufflés im Ofen 10 bis 12 Minuten backen und heiß servieren.

Tipp

Achten Sie darauf, den Eischnee behutsam mit der Fruchtmasse zu vermischen. Füllen Sie die Soufflé-Förmchen nur bis etwa 1 Zentimeter unter den Rand. Dies ergibt beim Aufgehen die beste optische Wirkung.

Erdbeer-Soufflés

Erdbeer-Soufflés

Zubereitung ca. 60 Minuten (ohne Backzeit) 12 Stück

Zutaten

Für den Teig:
200 g Mehl
65 g Zucker
1 Pck. Vanillezucker
Salz
2 Eigelb
125 g Butter
Erbsen zum Blindbacken
Fett für die Form

Für die Füllung:
500 g Schichtkäse
120 g Zucker
1 Pck. Vanillezucker
2 EL Grieß
1 Pck. Vanillepuddingpulver
75 g flüssige Butter
175 ml Eierlikör
2 Eiweiß

Für den Belag:
250 g Sahne
1 Pck. Vanillezucker
1 kg mittelgroße Erdbeeren

Den Backofen auf 200° C vorheizen. Mehl, Zucker, Vanillezucker, eine Prise Salz, Eigelb und Butter kräftig zu einem glatten Teig kneten. Zugedeckt 30 Minuten kalt stellen.

Eine Springform (26 cm Ø) einfetten. Den Teig ausrollen und die Form damit auskleiden. Mit Backpapier auslegen, mit Erbsen füllen und bei 200° C etwa 10 Minuten vorbacken. Anschließend Erbsen und Backpapier entfernen.

Für die Füllung Schichtkäse, Zucker, Vanillezucker, Grieß, Puddingpulver, Butter und Eierlikör verrühren. Das Eiweiß steif schlagen und unter die Masse heben. Die Füllung auf den vorgebackenen Boden geben und 1 Stunde bei 180° C backen. Herausnehmen und in der Form erkalten lassen.

Für den Belag die Sahne steif schlagen und den Vanillezucker unterrühren. Die Sahne auf den Kuchen streichen. Die Erdbeeren waschen, putzen, trockentupfen und gleichmäßig auf der Sahne verteilen.

Eierlikör-Erdbeer-T

kör-Erdbeer-Torte

te

Zubereitung

ca. 20 Minuten (ohne Kühlzeit) 4 Portionen

Zutaten

Für die Füllung:

300 g Erdbeeren

120 g Zucker

4 EL rote Gelatine (Pulver)

200 g Sahne

Für den Teig:

3 EL Butter

4 Eier

100 g Mehl

100 ml Milch

Salz

Erdbeeren putzen und waschen. Einige Beeren für die Dekoration auf die Seite legen, die übrigen halbieren und zusammen mit dem Zucker langsam in einem Topf zum Kochen bringen. Knapp 3 Minuten unter ständigem Rühren kochen lassen, danach pürieren.

Das Gelatinepulver in kaltem Wasser auflösen und in die warme Erdbeermasse rühren. Die Füllung auskühlen lassen.

Die Sahne schlagen und unter die Erdbeermasse ziehen.

Die Butter zerlassen. Eier, Mehl, Milch, Butter und eine Prise Salz zu einem flüssigen Teig verrühren. Daraus möglichst dünne Crêpes backen.

Auf die fertigen Crêpes die Erdbeermasse streichen und die Crêpes einschlagen. Mit einigen ganzen oder halben Erdbeeren garnieren und servieren.

Tipp

Ideal ist eine spezielle Crêpes-Platte. Ansonsten können Sie die Crêpes auch problemlos wie Pfannkuchen in der Pfanne backen. Wichtig ist nur, dass der Teig schön flüssig ist, sonst werden die Crêpes zu fest.

Zubereitung

ca. 30 Minuten (ohne Kühlzeit) 8 Portionen

Zutaten

250 g Erdbeeren

1 unbehandelte Zitrone

4 Blatt weiße Gelatine

300 g Magerquark

200 g Doppelrahm-Frischkäse

2 EL Ahornsirup

2 EL Waldmeistersirup

200 g gehackte Pistazien

Die Erdbeeren waschen und putzen. Die Zitrone heiß abwaschen und die Schale abreiben. Dann die Zitrone fertig schälen, in Scheiben schneiden und die Kerne entfernen. Die Scheiben in kleine Stücke teilen.

Die Gelatine in kaltem Wasser einweichen.

Den Quark gut abtropfen lassen und mit dem Frischkäse verrühren. Die Zitronenschale und Zitronenstückchen zu der Käsecreme geben und mit Ahorn- und Waldmeistersirup abschmecken.

Die Gelatine in einem kleinen Topf bei milder Hitze auflösen und unter die Käsemischung rühren.

Eine runde Form mit Klarsichtfolie auslegen und mit der Käsecreme füllen, dabei einige Pistazien und Erdbeerstücke darauf verteilen. Etwa 4 Stunden im Kühlschrank erkalten lassen.

Die Terrine stürzen und mit den restlichen Pistazien und Erdbeeren verzieren. In schmalen Stücken servieren.

Zitronen-Frischkäs

rischkäse-Terrine

Zubereitung

ca. 20 Minuten 4 Portionen

Zutaten

Für die Füllung:

500 g Erdbeeren

4 EL Zucker

1 EL Orangenlikör

100 g Mehl

Für die Pfannkuchen:

¼ l Milch

Salz

1 Päckchen Zitronenschalenaroma

3 Eier

60 g Butter

Außerdem:

Puderzucker

Erdbeeren waschen und putzen. Die Hälfte der Erdbeeren zerkleinern und pürieren. Die andere Hälfte in dünne Scheiben schneiden.

Die pürierten Erdbeeren mit 2 EL Zucker und dem Orangenlikör verrühren. Die Erdbeerscheiben zugeben und kalt stellen.

Die Eier trennen. Mehl, Milch, etwas Salz, Zitronenschalenaroma und das Eigelb in einer Schüssel zu einem glatten Teig rühren.

Das Eiweiß zu steifem Schnee schlagen, dabei vorsichtig 2 EL Zucker einrieseln lassen. Den Ei-Schnee unter den Teig ziehen. In einer nicht zu heißen Pfanne mit etwas Butter 4 Pfannkuchen backen.

Jeweils einen Pfannkuchen auf einen Teller legen, ¼ der Erdbeermasse darüber gießen, zusammenklappen und den Pfannkuchen mit Puderzucker bestäuben.

Tipp

Damit die Pfannkuchen schön locker werden, backt man sie bei mittlerer Hitze in Butter. Margarine oder Öl sind weniger geeignet.

t Erdbeerfüllung

beerfüllung

Zubereitung ca. 15 Minuten 4 Portionen

Zutaten

2 Avocados
4 EL Zitronensaft
200 g Erdbeeren
1 Bund Petersilie
120 g Kräuter-Frischkäse
Salz
Pfeffer

Avocados halbieren. Kerne und Fruchtfleisch auslösen, ohne die äußere Schale zu beschädigen. Das Fruchtfleisch fein würfeln und mit 3 EL Zitronensaft beträufeln. Die ausgehöhlten „Avocadoschiffchen“ zur Seite legen. Erdbeeren waschen, putzen und in kleine Stücke schneiden. Petersilie waschen, trocken tupfen und fein hacken. Etwas Petersilie für die Garnierung beiseite legen.

Den Frischkäse mit dem restlichen Zitronensaft glatt rühren. Avocado, Erdbeeren und Petersilie unter den Frischkäse heben und das Ganze mit Salz und Pfeffer würzen.

Die Masse in die vier Avocadoschiffchen geben und mit der restlichen Petersilie bestreuen.

Tipp *Die gefüllten Avocadoschiffchen ergeben zusammen mit Toast oder einem frischem Baguette ein leckeres und schnell zubereitetes Sommeressen.*

do mit Erdbeeren

en

Zubereitung

ca. 35 Minuten (ohne Kühlzeit) 6 Portionen

Zutaten

400 g Erdbeeren
150 g Zucker
2 EL Himbeergeist
5 Blatt rote Gelatine
5 Blatt weiße Gelatine
4 Eigelb
1 Pck. Vanillezucker
300 g saure Sahne
4 EL Zitronensaft
1 Pck. Zitronenschalenaroma
200 g Sahne

Erdbeeren waschen und putzen. Für die Dekoration einige kleinere Beeren beiseite legen, den Rest zerteilen und pürieren. 60 g Zucker und den Himbeergeist einrühren.

Rote und weiße Gelatine in kaltem Wasser getrennt einweichen.

Das Eigelb mit 90 g Zucker und dem Vanillezucker schaumig schlagen. Die saure Sahne, den Zitronensaft und das Zitronenschalenaroma unterrühren.

Die Gelatine jeweils ausdrücken und getrennt bei schwacher Hitze auflösen. Die weiße Gelatine unter die Eiercreme ziehen, die rote Gelatine unter das Erdbeerpüree. Beides ca. 20 Minuten kühl stellen.

Die Sahne steif schlagen und unter die Eiercreme ziehen.

Dessertschälchen zur Hälfte mit Eiercreme füllen, dann mit Erdbeerpüree auffüllen und mit einer Gabel durchziehen.

Das Dessert mit einigen Erdbeeren verzieren und vor dem Servieren etwa 1 Stunde kalt stellen.

Tipp

Sie können das Dessert nach Belieben auch mit Minzeblättchen garnieren.

nes Erdbeerpüree

ee

Zubereitung

ca. 25 Minuten
(ohne Ruhe-/Backzeit)

10 Portionen

Zutaten

Für den Teig:

500 g Mehl

1 Würfel Hefe

40 g Zucker

150 ml Milch

100 g Butter

Salz

6 Eier

Außerdem:

Semmelbrösel

500 g Erdbeeren

100 g Zucker

1 Tasse weißer Rum

Das Mehl in eine Schüssel geben, in die Mitte eine Mulde drücken. Die Hefe hineinbröckeln und mit 1 TL Zucker und etwas warmer Milch einen Vorteig anrühren. Leicht mit Mehl bestäuben und zugedeckt an einem warmen Ort 15 Minuten gehen lassen.

In der übrigen Milch die Butter schmelzen. Zusammen mit dem restlichen Zucker, Salz und Eiern auf dem Mehlrand verteilen. Alles zu einem weichen Teig verarbeiten. Zugedeckt 1 Stunde gehen lassen. Den Ofen auf 200° C vorheizen.

Den Teig in eine gefettete und mit Semmelbrösel bestreute Savarinform füllen, 15 Minuten gehen lassen, dann 40 Minuten backen.

Die Erdbeeren waschen, putzen und 350 g davon pürieren.

Den Zucker in ½ Tasse Wasser erhitzen und schmelzen. Rum und Erdbeermark einrühren. Den noch warmen Savarin mehrmals damit bestreichen, gut einziehen lassen und mit den restlichen Erdbeeren verzieren.

Tipp

Ein Savarin ist ein ringförmiger, mit Alkohol getränkter Hefekuchen. Wenn Sie keine Savarinform besitzen, können Sie auch eine glatte Kranzform oder eine Guglhupf-Form verwenden.

Erdbeer-Savarin

Erdbeer-Savarin

Zubereitung ca. 15 Minuten 2 Portionen

Zutaten

500 g Erdbeeren

1 unbehandelte Orange

1 TL Ingwerpulver

3 EL Honig

gehackte Pistazien

einige frische Minzeblättchen

Die Erdbeeren waschen und putzen.

Die Orange auspressen, den Saft mit Ingwer und Honig verrühren. Zu einer sirupartigen Konsistenz einkochen.

Die Erdbeeren in dünne Scheiben schneiden. Auf Tellern überlappend im Kreis anrichten. Den etwas abgekühlten Sirup darüber träufeln und mit gehackten Pistazien und den Minzeblättchen garnieren.

Erdbeer-Carpaccio

rdbeer-Carpaccio

Zubereitung ca. 10 Minuten 2 Portionen

Zutaten

300 g Erdbeeren

¾ l Milch

Erdbeeren waschen, putzen und vierteln.

Die Erdbeeren in einen Mixer geben. Die kalte Milch dazugießen und alles pürieren. Sofort servieren.

Tipp

Wer es gerne süß mag,
kann noch etwas Zucker einrühren.

Gekühlte Erdbeermilch ist erfrischend
und zugleich ein belebender Energiespender.

Erdbeermilch

Erdbeermilch

Zubereitung

ca. 90 Minuten (ohne Abtropfzeit) 4 Portionen

Zutaten

Für die Quarkknödel:

500 g Magerquark

8 Scheiben Vollkorntoastbrot

1 Pck. Zitronenschalenaroma

Salz

50 g Butter

30 g Puderzucker

2 Eigelb

1 Ei

60 g gehackte Haselnüsse

40 g Grieß

Für das Kompott:

500 g Erdbeeren

50 g Zucker

15 g Speisestärke

Den Quark gut abgetropft in ein Geschirrtuch geben und die Flüssigkeit fest auswinden. Toastscheiben entrinden und in kleine Würfel schneiden. 40 Gramm Butter zerlassen und mit dem Puderzucker glatt rühren, das Eigelb und dann das Ei unterrühren. In eine Schüssel geben und mit Quark, Brotwürfel, Zitronenschalenaroma und eine Prise Salz gut verkneten. 1 Stunde kühl stellen.

Die Erdbeeren putzen und vierteln. Mit 120 ml Wasser und dem Zucker kurz kochen lassen. Die Speisestärke mit 2 bis 3 EL Wasser glatt rühren und unter die Erdbeeren heben. 5 Minuten leicht köcheln lassen.

In einem Topf etwa 3 Liter Salzwasser zum Kochen bringen. Die Arbeitsfläche leicht mit Grieß bestreuen und aus dem Knödelteig mit etwas Grieß 8 gleich große Knödel formen. Die Knödel ins Salzwasser geben und gut 10 Minuten sieden lassen.

In einer Pfanne die Haselnüsse ohne Fett goldbraun rösten, dann die restliche Butter bräunen. Die Knödel auf vorgewärmten Tellern mit der Butter, den Haselnüssen und dem Erdbeerkompott servieren.

Erdbeerkompott

beerkompott

Zubereitung ca. 10 Minuten 1 Glas

Die pürierten Erdbeeren mit Aperitif verrühren und in ein Sekt- oder Cocktailglas geben.

Mit dem Sekt aufgießen. Das Glas mit einer eingeschnittenen Erdbeere verzieren.

Zutaten

2 EL Erdbeerpüree

1 cl Aperol

Ca. 100 ml kühler, trockener Sekt

1 Erdbeere

Beeriger Aperitif

Beeriger Aperitif

Zubereitung ca. 10 Minuten 2 Portionen

Zutaten

10 Erdbeeren

½ Kiwi

¼ Birne

¼ Banane

150 g Fertigmüsli

1 Pck. Vanillezucker

150 g Joghurt oder
¼ l Milch

Die Früchte waschen, putzen, eventuell schälen, klein schneiden und in eine Schüssel geben.

Fertigmüsli und Vanillezucker untermischen, Joghurt bzw. Milch darüber gießen und alles verrühren.

Müsli

Müsli

Zubereitung

ca. 25 Minuten
(ohne Kühlzeit)

4-6 Portionen

Zutaten

6 Löffelbiskuits

125 g Amaretti (Mandelmakronen)

1/8 l Rum

500 g Erdbeeren

1 Zitrone

6 Eigelb

120 g Zucker

Mark einer Vanilleschote

3 EL Milch

Löffelbiskuits und Amaretti zerkrümeln, mit dem Rum vermischen und gut durchziehen lassen. Die Hälfte der Masse in eine Schüssel geben.

Die Erdbeeren waschen, putzen und je nach Größe halbieren. Die Zitrone auspressen. Die Erdbeeren mit dem Zitronensaft vermischen und die Hälfte davon auf die Gebäckschicht geben.

Eigelb, Zucker, Vanillemark und Milch im Wasserbad cremig schlagen. Die Hälfte der Creme auf die Erdbeeren streichen.

Jetzt die zweite Hälfte der Biskuitmasse darüber geben, dann die zweite Hälfte der Erdbeeren und zuletzt die restliche Creme.

Das Trifle kalt stellen. Vor dem Servieren mit Amaretti und Erdbeeren garnieren.

Tipp

Sie können das Trifle auch mit Sahne und Eiswaffeln servieren.

Erdbeer-Trifle

Erdbeer-Trifle

Zubereitung

ca. 30 bis 40 Minuten (ohne Kühlzeit) — 6 Portionen

Zutaten

6 Blatt weiße Gelatine

800 g Erdbeeren

1 Vanilleschote

¼ l Milch

5 Eigelb

80 g Zucker

1 Pck. Vanillezucker

250 g Sahne

1 EL gehackte Pistazienkerne

Die Gelatine in kaltem Wasser einweichen. Erdbeeren waschen und putzen. Einige Erdbeeren zum Garnieren zur Seite legen, die anderen zerkleinern und pürieren.

Die Vanilleschoten längs aufschneiden und das Mark mit dem Messer herauskratzen. Die Schote mit Milch aufkochen und dann abkühlen lassen.

Eigelb, Vanillemark, Zucker und Vanillezucker im heißen Wasserbad schaumig schlagen. Die Vanilleschote aus der Milch nehmen, die Milch kräftig unter die Creme schlagen, bis sie sich verdickt.

Die Gelatine ausdrücken, bei schwacher Hitze auflösen und unter die Vanillecreme ziehen. Die Creme im Kühlschrank halbfest werden lassen, dann die Sahne steif schlagen und unterheben. Im Kühlschrank 3 bis 4 Stunden fest werden lassen.

Das Erdbeerpüree auf 6 Dessertteller verteilen. Mit dem Esslöffel von der Creme Nocken abstechen und auf die Teller legen. Mit gehackten Pistazien und Erdbeerhälften verzieren.

Tipp

Die „Creme bavaroise“ ist eine beliebte Süßspeise. Sie lässt sich mit verschiedenen Früchten und Saucen kombinieren und kann auch mit Schokolade, Mandeln, Likören usw. abgewandelt werden.

me mit Erdbeeren

t Erdbeeren

Zubereitung

ca. 40 Minuten
(ohne Ruhe- und Backzeit)

4 Portionen

Zutaten

Für den Teig:

20 g Hefe
100 ml Milch
250 g Mehl
2 EL Zucker
1 Ei
15 g Butter
Salz

Für die Füllung:

35 g Butter
45 g Zucker
1 Pck. Vanillezucker
2 Eier getrennt
1 unbehandelte Zitrone
250 g Magerquark
½ Pck. Vanillepudding-pulver
100 g Erdbeeren
100 g gemischte Beeren

Außerdem:

1 Ei
3 EL gehackte Pistazien
2 EL Puderzucker

Die Hefe mit lauwarmer Milch mischen. Mit Mehl, Zucker, Ei, zerlassener Butter und einer Prise Salz in einer Schüssel zu einem glatten Teig kneten. Zugedeckt an einem warmen Ort ca. 30 Minuten gehen lassen.

Butter, Zucker und Vanillezucker schaumig rühren. Eigelb einrühren. Die Zitronenschale abreiben und die Zitrone auspressen. Den Quark mit Puddingpulver, Zitronensaft und -schale verrühren und dazugeben. Das Eiweiß steif schlagen und unter die Creme heben. Alle Beeren putzen und 2/3 davon zufügen.

Den Hefeteig zu einem ca. 30 cm großen Kreis ausrollen und auf ein mit Backpapier ausgelegtes Backblech legen. Eine Hälfte mit der Quarkfüllung bestreichen, dabei einen Rand lassen. Das restliche Ei trennen. Den Teigrand mit Eiweiß bestreichen und die leere Teighälfte über die Füllung klappen, dann 15 Minuten gehen lassen.

Den Backofen auf 180° C vorheizen. Das Eigelb in etwas Wasser verquirlen, die Calzone damit bestreichen und Pistazien darüber streuen. 45 Minuten backen, mit Puderzucker bestäuben, mit den restlichen Beeren anrichten.

t Erdbeerfüllung

füllung

Zubereitung

ca. 25 Minuten (ohne Backzeit) 6 Portionen

Zutaten

200 g mittelalter Gouda
250 g Erdbeeren
50 g Butter
70 g Mehl
¼ l warme Milch
4 Eier getrennt
frisch gemahlener weißer Pfeffer
geriebene Muskatnuss
Salz
Butter für die Form
Semmelbrösel für die Form

Ofen auf 200° C vorheizen. Den Käse fein reiben. Erdbeeren waschen, putzen und je nach Größe halbieren oder vierteln.

Die Butter erwärmen, etwas Mehl einrühren und hell anschwitzen. Unter weiterem Rühren mit Milch ablöschen, aufkochen und etwa 5 Minuten bei kleiner Hitze köcheln lassen. Dann vom Herd nehmen.

Das Eigelb nach und nach unterrühren. Die Masse mit etwas weißem Pfeffer und Muskatnuss würzen und den Käse einrühren.

Das Eiweiß mit einer Prise Salz steif schlagen und mit dem Schneebesen vorsichtig unter die Käsemasse ziehen, anschließend Erdbeeren unterheben.

Kleine feuerfeste Förmchen mit zerlassener Butter einfetten und mit Semmelbrösel ausstreuen. Die Soufflémasse einfüllen und im Backofen etwa 20 Minuten garen. Sofort servieren.

Tipp

Diese Soufflés eignen sich wunderbar als kleines Mittagessen. Damit die Soufflés aufgehen, muss das steif geschlagene Eiweiß sehr vorsichtig mit der Käsemasse und den Erdbeeren vermischt werden. Es soll möglichst viel Volumen und Luftigkeit erhalten bleiben.

Käse-Soufflés

Käse-Soufflés

Zubereitung

ca. 30 Minuten (ohne Kühlzeit) 4 Portionen

Zutaten

8 Blatt weiße Gelatine

100 g Zucker

¼ l Rosé-Wein

200 ml Sekt

125 g Erdbeeren

Einige Blättchen Zitronenmelisse

Die Gelatine 5 Minuten in kaltem Wasser einweichen.

In einem kleinen Topf Zucker und 100 ml Wasser zu einem Sirup einkochen lassen. Rosé-Wein dazugießen und den Zuckersirup darin auflösen.

Die Gelatine gut ausdrücken, im heißen Sirup-Wein auflösen und kühl stellen.

Bevor die Gelierflüssigkeit ganz abgekühlt ist, den Sekt dazugießen. Mit dem Löffel umrühren, damit das Gelee nicht zu schaumig wird. Wieder kühl stellen. Zwischendurch leicht umrühren, damit sich die Sektperlen gleichmäßig verteilen.

Die Erdbeeren waschen, putzen und klein würfeln. Zusammen mit den Zitronenmelisseblättchen in Cocktailgläser oder Sektschalen verteilen. Das noch leicht flüssige Gelee darüber geben. Im Kühlschrank auskühlen lassen.

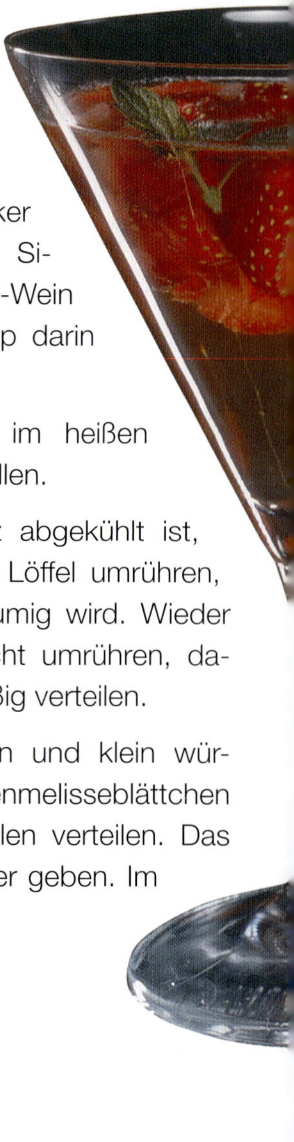

ee mit Erdbeeren

t Erdbeeren

Zubereitung ca. 25 Minuten 4 Portionen

Zutaten

300 g Blattspinat

Salz

1 Zwiebel

4 EL Butter

300 g Risotto-Reis

100 ml Weißwein

¾ l Instantbrühe

100 g Sahne

300 g Erdbeeren

einige Blättchen Basilikum

Den Spinat putzen und waschen, in kochendem Salzwasser 2 Minuten blanchieren, kalt abschrecken, abtropfen lassen und hacken.

Die Zwiebeln schälen und fein würfeln. In Butter andünsten, den Reis beigeben und glasig werden lassen. Mit dem Weißwein ablöschen. Ein wenig Brühe angießen und unter gelegentlichem Rühren köcheln lassen. Nach und nach Brühe nachgießen, bis der Reis gar ist. Zum Schluss die Sahne unterziehen.

Die Masse mit dem Spinat mischen und 5 Minuten erwärmen, aber nicht mehr kochen lassen.

Die Erdbeeren waschen und putzen. Ein paar Beeren zur Dekoration beiseite legen, den Rest vierteln und unter den Reis heben.

Das Risotto mit dem Basilikum und ein paar Erdbeerstückchen garniert servieren.

Tipp

Je nach Geschmack kann das Risotto mit frisch geriebenem Parmesan verfeinert werden. Dazu schmeckt ein kräftiger Weißwein.

to mit Erdbeeren

lbeeren

Zubereitung

ca. 40 Minuten (ohne Gefrierzeit)

12 Portionen

Zutaten

Für den Teig:

4 Eier getrennt

80 g Zucker

1 Pck. Orangenschalenaroma

100 g Mehl

40 g Speisestärke

Für die Füllung:

4 Eigelb

2 Pck. Vanillezucker

½ Pck. Zitronenschalenaroma

250 g Sahnejoghurt

500 g rote Grütze

400 g Sahne

1 Pck. Sahnesteif

300 g Erdbeeren

Außerdem:

Einige Rispen
Rote Johannisbeeren

Den Backofen auf 180° C vorheizen.

Eigelb mit Zucker und dem Orangenschalenaroma cremig schlagen. Das Eiweiß steif schlagen und unter die Creme heben. Mehl und Speisestärke darüber sieben und ebenfalls unterheben.

Das Backblech mit Backpapier auslegen und die Teigmasse aufstreichen. 20 Minuten backen, dann auskühlen lassen. Die Innenwände einer Kastenform mit dem Biskuitteig auskleiden.

Für die Füllung Eigelb, Vanillezucker und Zitronenschalenaroma mit dem Sahnejoghurt verrühren und die rote Grütze unterrühren. Die Sahne mit dem Sahnesteif schlagen und unterziehen. Die Masse in die mit Teig ausgelegte Kastenform füllen. Mit Alufolie abdecken und für 5 Stunden in den Gefrierschrank stellen.

Eine halbe Stunde vor dem Servieren die Form an einem kühlen Ort etwas antauen lassen und den Inhalt in eine flache, dekorative Schale stürzen. Mit Erdbeeren und Johannisbeeren garnieren.

Tipp *Sie können auch in Scheiben portioniert auf Desserttellern servieren und mit Sahne verzieren.*

Frostige rote Grüt

rtige rote Grütze

Zubereitung ca. 25 Minuten 4 Portionen

Zutaten

300 g Blattspinat mit Gorgonzola (tiefgekühlt)

8 Kabeljaufilets

Zitronensaft

Salz

1 Zwiebel

30 g Butter

200 g Sahne

4 EL Weißwein

frisch gemahlener weißer Pfeffer

200 g Erdbeeren

4 Aprikosen

Den Blattspinat mit Gorgonzola auftauen lassen.

Die Fischfilets waschen, mit etwas Zitronensaft beträufeln und salzen. Dann die Filets aufrollen und mit Holzspießchen feststecken.

Für die Sauce die Zwiebeln schälen, fein würfeln und in Butter glasig dünsten. Mit der Sahne ablöschen und etwas einkochen lassen.

Die Fischfilets in einem Liter Salzwasser mit etwas Zitrone und dem Wein etwa 10 Minuten gar ziehen lassen. Inzwischen den Spinat nach Packungsanweisung zubereiten.

Vom Fischsud 3 bis 4 EL abnehmen, in die Sauce rühren und aufkochen. Die Sauce mit Salz und weißem Pfeffer abschmecken und warm stellen.

Die Erdbeeren waschen, putzen und vierteln. Die Aprikosen waschen, entsteinen und in Schnitze schneiden. Erdbeeren und Aprikosen in heißer Butter schwenken und mit weißem Pfeffer schärfen.

Die Fischröllchen gut abtropfen lassen und zusammen mit dem herzhaften Obst und dem Spinat anrichten.

Tipp

Servieren Sie hierzu Reis oder Nudeln.

Buntes Kabeljaufil

...ntes Kabeljaufilet

Zubereitung

ca. 30 bis 40 Minuten
(ohne Ruhezeit für den Hefeteig)

30 Stück

Zutaten

Für die Plinsen:

250 g Mehl

½ Würfel Hefe

75 g Zucker

Salz

2 Eier

abgeriebene Schale einer unbehandelten Zitrone

½ l Milch

Butter oder Margarine zum Backen

Für das Erdbeermark:

500 g Erdbeeren

Saft einer Zitrone

50 g Puderzucker

1 Pck. Vanillezucker

3 EL Amaretto

einige Blättchen Zitronenmelisse

Für die Plinsen Mehl, zerbröckelte Hefe, Zucker, eine Prise Salz, Eier und Zitronenschale in einer Schüssel verrühren. Die Milch leicht erwärmen und unterrühren. Den Teig 30 Minuten quellen lassen.

Etwa 10 cm große runde Küchlein formen und in Butter oder Margarine nacheinander backen.

Für das Erdbeermark die Erdbeeren waschen, putzen und trockentupfen, anschließend pürieren. Zitronensaft, Puderzucker, Vanillezucker sowie Amaretto unterrühren.

Das Erdbeermark über die Plinsen gießen. Mit Zitronenmelisse garnieren und servieren.

Tipp

Legen Sie die Plinsen sofort nach dem Backen auf Küchenpapier, dann wird das überschüssige Fett aufgesogen.

mit Erdbeermark

eermark

Zubereitung

ca. 60 Minuten

4 Portionen

Zutaten

Für den Teig:

6 Eier
150 g Mehl
150 ml Milch
5 EL zerlassene Butter
Salz
Butterschmalz

Für die Füllung:

4 Blatt weiße Gelatine
450 g Erdbeeren
400 g Himbeeren
2 EL Zitronensaft
300 g Sahne
1 Pck. Sahnesteif
50 g Puderzucker

Eier, Mehl, Milch und zerlassene Butter mit einer Prise Salz gut verrühren.

Etwas Butterschmalz in einer Pfanne erhitzen und nacheinander 12 kleine Pfannkuchen von jeweils 8 bis 10 Zentimetern Durchmesser backen. Die Pfannkuchen abkühlen lassen.

Für die Füllung die Gelatine in etwas Wasser einweichen.

Die Erdbeeren waschen und putzen. 150 Gramm davon klein schneiden. Die Himbeeren abbrausen und trocknen. 100 Gramm davon halbieren. Die restlichen Beeren pürieren und den Zitronensaft einrühren.

Die Gelatine leicht erwärmen und auflösen, mit dem Beerenpüree verrühren und kalt stellen. Die Sahne mit Sahnesteif und Puderzucker steif schlagen.

Wenn das Püree fest wird, die Sahne und die restlichen Obststücke unterheben.

Einige Löffel Fruchtsahne auf 4 Pfannkuchen verteilen. 4 weitere Pfannkuchen darauf legen und diese wiederum mit Sahnepüree bedecken. Die letzten 4 Pfannkuchen als Deckel auflegen und servieren.

Big Erdbeer-Burger

Erdbeer-Burger

Zubereitung

ca. 30 Minuten (ohne Kühlzeit) 6-8 Portionen

Zutaten

Für den Biskuitteig:

6 Eier

200 g Zucker

5 EL Mehl

2 EL Speisestärke

2 TL Backpulver

Für die Füllung:

400 g Sahne

2 Päckchen Sahnesteif

500 g frische Erdbeeren

Außerdem:

5 EL Zucker

Puderzucker

Den Backofen auf 180° C vorheizen. Die Eier mit dem Zucker kräftig verrühren. Dann das Mehl, die Speisestärke und das Backpulver unterrühren. Backblech mit Backpapier auslegen und den Teig gleichmäßig darauf verteilen. 15 Minuten backen.

Ein großes Geschirrtuch auslegen und mit Zucker bestreuen. Den fertig gebackenen Biskuitteig darauf stürzen. Das Backpapier entfernen und das Geschirrtuch mitsamt dem Teig aufrollen, auskühlen lassen.

Für die Füllung die Sahne mit dem Sahnesteif steif schlagen. Die Erdbeeren waschen und in Stücke schneiden. Einige Erdbeeren und etwas Sahne für die Dekoration beiseite stellen.

Die abgekühlte Teigrolle vorsichtig aufrollen. Die Biskuitrolle mit Sahne bestreichen und mit den Erdbeeren belegen. Das Ganze – ohne Geschirrtuch – wieder aufrollen und auf eine längliche Platte legen. Die Erdbeerroulade entweder mit Puderzucker bestreuen, oder mit Sahne und Erdbeerhälften verzieren.

mit Erdbeersahne

Zubereitung

ca. 20 Minuten (ohne Kühlzeit) 6 Portionen

Zutaten

500 g Erdbeeren
100 g Zucker
1 Pck. Vanillezucker
Zitronensaft
200 ml Weißwein
1 EL Butter
1 EL Mehl
400 ml Milch

Erdbeeren waschen und putzen. Einige kleinere Erdbeeren zum Garnieren auf die Seite legen, die übrigen halbieren und mit Zucker, Vanillezucker, Zitronensaft und Weißwein marinieren.

Butter und Mehl miteinander verkneten.

Die Milch aufkochen, mit der Mehlbutter leicht binden und auskühlen lassen. Die marinierten Erdbeeren zu der Milch geben und alles mit dem Mixstab pürieren.

Die Erdbeermilch in Teller oder Tassen füllen und kühl stellen. Vor dem Servieren mit den beiseite gelegten Erdbeeren garnieren.

Tipp

Sie können die Kaltschale je nach Belieben noch mit geschlagener Sahne verzieren.

Erdbeerkaltschale

Erdbeerkaltschale

Zubereitung

ca. 40 Minuten (Ruhe-/Backzeit) 8 Portionen

Zutaten

Für den Teig:

250 g Mehl

Salz

50 g Butter

Für die Füllung:

500 g Magerquark

2 Eier

75 g Zucker

1 Pck. Vanillezucker

1 Pck. Vanillepudding-pulver

Schale einer unbehandelten Zitrone

Salz

350 g Erdbeeren

Außerdem:

50 g zerlassene Butter

Puderzucker

Die Teigzutaten mit 1/8 Liter lauwarmem Wasser in eine Schüssel geben und miteinander verkneten. Eine halbe Stunde ruhen lassen. Den Teig ausrollen und über beiden Handrücken hauchdünn ausziehen.

Den Quark in einem Geschirrtuch kräftig ausdrücken, damit er nahezu trocken wird. In eine Schüssel geben und mit Eiern, Zucker, Vanillezucker, Puddingpulver, Zitronenschale und einer Prise Salz verrühren.

Backofen auf 200° C vorheizen.

Die Erdbeeren waschen, putzen und klein schneiden.

Die Teigplatte mit der Quarkmasse bestreichen und Erdbeerstückchen darauf verteilen. Die Teigränder einschlagen, dann aufrollen.

Den Strudel auf ein mit Backpapier ausgelegtes Backblech legen. Im Backofen gut 30 Minuten backen, bis sich der Strudel goldgelb bräunt. Zwischendurch mehrmals mit zerlassener Butter bestreichen. Nach dem Backen den Strudel 15 Minuten ruhen lassen und dann mit Puderzucker bestäuben.

del mit Erdbeeren

beeren

Zubereitung

ca. 25 Minuten (ohne Kühlzeit) 4 Portionen

Zutaten

600 g Erdbeeren

¼ l Milch

1 TL Zimt

6 Blatt weiße Gelatine

2 Eier, getrennt

130 g Zucker

250 g Sahne

Zitronensaft

4 TL geraspelte weiße Erdbeerschokolade

Erdbeeren waschen und putzen. Ein Drittel beiseite legen, den Rest pürieren.

Die Milch mit dem Zimt aufkochen. Die Gelatine 10 Minuten in kaltem Wasser einweichen. Dann die Blätter gut ausdrücken und in der heißen Milch auflösen.

Eigelb und Zucker mit dem Handmixer zu einer dicken Masse schlagen. Die warme Gelatine-Milch langsam einrühren. Eiweiß und Sahne getrennt steif schlagen.

Das Erdbeerpüree mit der Milch-Eier-Masse mischen, anschließend den Eischnee und die Sahne unterheben. Die Masse 2 bis 3 Stunden im Kühlschrank erkalten lassen.

Vor dem Servieren mit einem Esslöffel Nocken von der Mousse abstechen und auf Desserttellern verteilen. Die beiseite gelegten Erdbeeren längs zerteilen und dekorativ anrichten. Mit geraspelter weißer Erdbeerschokolade bestreuen.

Erdbeer-Mousse

Erdbeer-Mousse

Zubereitung ca. 45 Minuten (ohne Kühlzeit) 6 Portionen

Zutaten

Für die Hippen:

90 g Zucker

25 g Marzipan-Rohmasse

1 Ei

1 Eigelb

Zimt

Salz

75 g Mehl

25 g Sahne

200 g Zartbitterkuvertüre

Fett für das Blech

Für die Füllung:

300 g Erdbeeren

120 g Zucker

4 EL rote Gelatine (Pulver)

200 g Sahne

Vorab fertigen Sie aus Karton eine Kreisring-Schablone, Innendurchmesser 12 cm, Außendurchmesser 20 cm. Den inneren Kreis schneiden Sie mit einer Schere heraus.

Für die Hippen Zucker, Marzipan, Ei und Eigelb mit dem Handmixer verrühren und mit Zimt und Salz würzen. Das Mehl einrühren. Eine Stunde auskühlen lassen, dann die Sahne unterrühren.

Den Backofen auf 190° C vorheizen. Das Backblech einfetten und mit Mehl bestäuben. Mithilfe der Schablone dünne Kreise aus Teig auf dem Backblech verteilen. Die Teigkreise ca. 5 Minuten backen. Danach vorsichtig vom Blech lösen und zu Tüten formen. Vollständig auskühlen lassen. Die Kuvertüre nach Packungsanleitung zubereiten und leicht abkühlen lassen. Die Spitzen der Hippen in die Kuvertüre tauchen. Auf Pergamentpapier trocknen lassen.

Erdbeeren putzen, halbieren und mit dem Zucker zum Kochen bringen. 3 Minuten unter ständigem Rühren kochen lassen, danach pürieren. Die Gelatine in kaltem Wasser auflösen und in die warme Erdbeermasse geben. Erkalten lassen. Sahne steif schlagen, unter die Erdbeermasse ziehen und die Hippen damit füllen.

Gefüllte Schoko-Hi

te Schoko-Hippen

Zubereitung

ca. 30 Minuten

6 Portionen

Zutaten

Für den Teig:

250 g Butter

200 g Zucker

1 Pck. Zitronen-schalenaroma

5 Eier, getrennt

400 g Mehl

125 g Sahne

etwas Fett
für das Waffeleisen

Für die Füllung:

250 g Quark

100 g Zucker

300 g Erdbeeren

100 g Sahne

Für den Teig die Butter zusammen mit Zucker, Zitronenschalenaroma und Eigelb schaumig schlagen. Mehl und Sahne abwechselnd unterrühren.

Das Eiweiß steif schlagen und unterheben.

Im leicht gefetteten Waffeleisen auf mittlerer Stufe jeweils 2 gehäufte EL voll Teig ausbacken. Die fertigen Waffeln einzeln nebeneinander legen, damit sie schön knusprig bleiben.

Für die Füllung in einer Schüssel den Quark mit dem Zucker glatt rühren.

Die Erdbeeren waschen und putzen. Einige Beeren zum garnieren beiseite legen, die übrigen klein zerschneiden und zerdrücken. Das Erdbeermus mit dem Quark vermischen. Die Sahne steif schlagen und unterheben.

Jeweils zwei Waffelherzen wie ein Sandwich mit Quark füllen. Mit Erdbeeren garnieren, mit Puderzucker bestreuen und frisch servieren.

Zubereitung

ca. 30 Minuten (ohne Kühlzeit) 6 Portionen

Zutaten

500 g Erdbeeren

4 große Kiwis (ca. 450 g)

2 EL Zitronensaft

2 EL Puderzucker

Erdbeeren waschen, putzen und pürieren.

Die Kiwis schälen, grob zerteilen und in einer zweiten Schüssel ebenfalls pürieren.

Die beiden Fruchtpürees mit je 1 EL Zitronensaft und 1 EL Puderzucker abschmecken. 3 Stunden im Tiefkühlfach gefrieren. Anschließend herausnehmen und etwas antauen lassen. Beide Pürees noch einmal kräftig pürieren, bis geschmeidige Sorbets entstehen.

Abwechselnd dünne Schichten Erdbeer- und Kiwi-Sorbet in eine im Eisfach gut gekühlte Schüssel oder Eisform mit ca. 1 Liter Inhalt streichen. 30 Minuten im Eisfach kühlen lassen.

Zum Servieren mit einem Eisportionierer große Kugeln herausschaben. Dabei mehrere Schichten durchdringen, so dass bunt gestreifte Stücke entstehen.

Tipp

Dieses Sorbet ist im Rahmen eines großen Menüs ein köstliches Dessert oder auch ein Zwischengang.

Erdbeer-Kiwi-Sorbe

lbeer-Kiwi-Sorbet

Zubereitung ca. 20 bis 30 Minuten

Zutaten

2 kg Erdbeeren

1 kg Extra-Gelierzucker

Die Erdbeeren waschen, putzen, trocknen und halbieren. Zusammen mit dem Zucker in einen großen Kochtopf geben. Der Topf sollte nur zur Hälfte gefüllt werden, damit der Inhalt nicht überkochen kann. Die Masse unter Rühren bei starker Hitze zum Kochen bringen und 4 Minuten unter ständigem Rühren kochen lassen.

Die Marmeladengläser heiß ausspülen, mit der heißen Masse randvoll (wichtig !) füllen und sofort fest verschrauben. Die gefüllten Gläser zum Abkühlen auf den Kopf stellen, um das Eintreten von Luft in die Gläser zu verhindern.

Tipp

Beachten Sie zum Verhältnis Gelierzucker/Früchte die Packungsangaben. Sie können die Erdbeeren auch mit anderen Obstsorten mischen. Bei sehr süßem Obst geben Sie etwas Zitronensaft dazu.

lbeermarmelade

Zubereitung ca. 35 Minuten (ohne Kühlzeit) 4-6 Portionen

Zutaten

225 g Himbeeren

350 g Erdbeeren

225 g rote Johannisbeeren

250 g Kirschen

1 Vanilleschote

100 g Zucker

¼ l Johannisbeersaft

2 cl Cassis (Schwarzer Johannisbeerlikör)

3 EL Speisestärke

Einige Blättchen Minze

250 g Sahne

Das Obst waschen und putzen. Die Kirschen entsteinen, die Erdbeeren halbieren oder vierteln. Die Vanilleschote auskratzen.

Die Beeren mit Zucker, Vanillemark und -schote vermischen. Eine Stunde ziehen lassen.

Den Johannisbeersaft mit dem Likör mischen und die Speisestärke darin glatt rühren.

Ca. 300 g der Früchte beiseite stellen. Die übrigen Früchte aufkochen und die aufgelöste Stärke einrühren. Bei mittlerer Hitze 2 Minuten unter ständigem Rühren kochen lassen.

Jetzt die frischen Beeren dazugeben und 1 Minute auf der ausgeschalteten Herdplatte erwärmen. Die Vanilleschote herausnehmen.

Die Grütze in eine Glasschale füllen und erkalten lassen. Zuletzt mit Minzeblättchen dekorieren und mit flüssiger oder geschlagener Sahne servieren.

Tipp *An heißen Tagen schmeckt die rote Grütze kombiniert mit Vanilleeis ganz köstlich.*

Rote Grütze

Rote Grütze

Zubereitung ca. 25 Minuten 4 Portionen

Zutaten

2 Eier

¼ l Milch

Salz

1 Pck. Vanillezucker

4 Scheiben altbackenes Weißbrot

1 EL Butterschmalz

200 g Erdbeeren

4 EL Zucker

1 TL Zimt

Eier und Milch verrühren, eine Prise Salz und den Vanillezucker dazugeben. Die Weißbrotscheiben in einen tiefen Teller legen und mit der Milch-Eier-Masse übergießen. In einer großen Pfanne das Butterschmalz erhitzen und die abgetropften Brotscheiben auf beiden Seiten goldbraun anbraten.

In der Zwischenzeit die Erdbeeren waschen, putzen, und je nach Größe halbieren oder vierteln. Einige Stücke zur Seite legen.

Die Erdbeeren in einen Topf mit etwas Wasser und 3 EL Zucker geben und bei geringer Hitze einkochen lassen. Den restlichen Zucker mit dem Zimt vermischen. Die gebackenen Brotscheiben auf Tellern anrichten und mit dem Zimtzucker bestreuen.

Erdbeerkompott über die armen Ritter verteilen, mit Erdbeerstückchen dekorieren und servieren.

Tipp

Sie können das Erdbeerkompott noch mit einem kräftigen Schuss Rum verfeinern.

Erdbeerkompott

Zubereitung ca. 20 Minuten (ohne Kühlzeit) 6 Portionen

Zutaten

750 g mittelgroße Erdbeeren

12 Blatt weiße Gelatine

½ l lieblicher Weißwein

125 g Zucker

Die Erdbeeren waschen, putzen und halbieren. Eine Terrinenform mit Klarsichtfolie auslegen und die Erdbeeren hineingeben.

Die Gelatine einweichen. Den Weißwein mit dem Zucker erwärmen und die abgetropfte Gelatine darin auflösen.

Den Wein abkühlen lassen und über die Erdbeeren gießen. Die Terrine über Nacht im Kühlschrank fest werden lassen.

Eine Platte oder einen flachen Teller auf die Form legen und beides zusammen umdrehen. Jetzt die Form langsam nach oben abheben und die Folie vorsichtig abziehen.

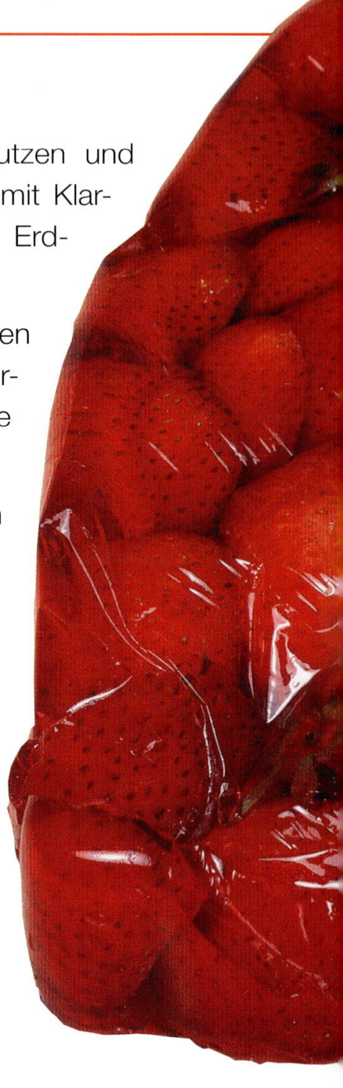

Tipp *Schlagsahne oder Vanillesoße zur Abrundung!*

Erdbeeren in Wein

…eren in Weingelee

Zubereitung

ca. 40 Minuten

4-6 Portionen

Zutaten

Für den Milchreis:

700 ml Milch
140 g Milchreis
Mark einer Vanilleschote
80 g Zucker
Salz
50 g gehackte Mandeln
200 g Sahne
1 Pck. Vanillezucker

Für den Rhabarber:

500 g Rhabarber
100 g Zucker
4 EL halbtrockener Weißwein
1 EL Zitronenschalen-aroma
1 EL Speisestärke

Außerdem:

500 g Erdbeeren
1 EL dünnflüssiger Honig
einige Blätter Zitronen-melisse

Milch, Milchreis, Vanillemark, Zucker und eine Prise Salz in einem Topf zum Kochen bringen. 30 Minuten garen, ab und zu umrühren.

Die Mandeln ohne Fett in der Pfanne leicht goldbraun rösten und unter den Reis heben. Das Ganze abkühlen lassen.

Den Rhabarber waschen, putzen, schälen und in Stücke schneiden. In einem Topf mit Zucker, Wein und Zitronenschalenaroma gut 5 Minuten unter Rühren kochen. Die Speisestärke mit 2 EL Wasser glatt rühren, den Rhabarber damit binden und erkalten lassen.

Die Erdbeeren waschen und putzen. Einige davon zum Garnieren beiseite legen. Die verbleibenden Erdbeeren vierteln und vorsichtig mit dem Honig vermischen.

Die Sahne mit Vanillezucker steif schlagen und unter den Reis heben. Den Reis, Rhabarber und die Erdbeeren anrichten und mit Zitronenmelisse garnieren.

Tipp *Eingedickter Honig wird wieder dünnflüssig, wenn man ihn vorsichtig erwärmt (nicht über 40° C).*

Zubereitung

ca. 30 Minuten (ohne Ruhe- und Backzeit) 12 Portionen

Zutaten

Für den Teig:

500 g Mehl

1 Würfel Hefe

¼ l Milch

100 g Zucker

80 g zerlassene Butter

1 Ei

Salz

Fett für die Form

Für die Füllung:

300 g Erdbeeren

200 g Kirschen

Zucker

Außerdem:

Puderzucker

Das Mehl in eine Schüssel sieben, in die Mitte eine Vertiefung drücken. Hefe zerbröckeln, mit lauwarmer Milch, 1 EL Zucker und etwas Mehl zu einem Vorteig verrühren. Zugedeckt 15 Minuten an einem warmen Ort gehen lassen.

Butter, Ei und 1 Prise Salz auf den Mehlrand geben. Den restlichen Zucker und die restliche Milch zugeben und alles zu einem geschmeidigen Teig kneten. Zugedeckt ca. 1 Stunde gehen lassen.

Den Ofen auf 200° C vorheizen. Eine Kranzform einfetten.

Erdbeeren und Kirschen waschen. Die Erdbeeren putzen, die Kirschen entsteinen. Die Erdbeeren in Stücke schneiden, mit den Kirschen mischen und mit etwas Zucker süßen.

Die Hälfte des Teigs in die Form geben und leicht andrücken. Die Früchte auf dem Teig verteilen. Mit dem restlichen Teig die Füllung bedecken.

Den Hefekranz 30 bis 40 Minuten backen, herausnehmen und mit Puderzucker bestreuen.

Kirsch-Erdbeer-Kra

ch-Erdbeer-Kranz

Zubereitung

ca. 15 Minuten

4 Portionen

Zutaten

750 g Erdbeeren

4 EL Puderzucker

3 EL süßer Sherry

100 g Crème double

½ TL Zimt

Die Erdbeeren waschen und putzen. Etwa 2/3 der Erdbeeren halbieren, mit 2 EL Puderzucker mischen und auf vier Teller verteilen.

Die restlichen Erdbeeren mit dem restlichen Puderzucker, Sherry, Crème double und Zimt pürieren. Die Creme über die Erdbeeren gießen.

Sherry-Creme mit E

ne mit Erdbeeren

beeren

Zubereitung

ca. 45 Minuten
(ohne Backzeit)

4-6 Portionen

Zutaten

8 Scheiben (400 g) TK-Blätterteig

50 g Zartbitterkuvertüre

1 TL Kokosfett

4 EL gehackte Pistazien

500 g Sahne

2 EL Zucker

750 g Erdbeeren

Den Backofen auf 200° C vorheizen. Die Blätterteigscheiben nebeneinander legen und auftauen lassen. Je 2 Scheiben aufeinander legen und auf bemehlter Arbeitsfläche bis zu einer Größe von etwa 15 x 35 Zentimetern ausrollen.

Die beiden Schmalseiten der Platten mit Wasser befeuchten und ca. 1½ cm nach innen klappen und andrücken. Die eingeklappten Ränder mit dem Messer im Abstand von 1 cm einschneiden. In der Mitte den Teig mehrmals mit einer Gabel einstechen. Die Teigstücke auf ein mit Backpapier ausgelegtes Blech legen, mit etwas kaltem Wasser bestreichen und 20 Minuten backen.

Die Zartbitterkuvertüre mit dem Kokosfett im heißen Wasserbad schmelzen lassen und die Blätterteigstücke damit bestreichen. 2 EL Pistazien darüber streuen und kalt stellen.

Die Sahne zusammen mit dem Zucker steif schlagen. Erdbeeren waschen, putzen und halbieren. Die Sahne gleichmäßig auf die Blätterteigstücke streichen und mit den Erdbeerhälften belegen. Die restlichen Pistazien darüber streuen.

Tipp

Stellen Sie zum Backen des Blätterteigs eine Tasse Wasser mit in den Backofen. Er wird dann besonders locker.

zig mit Erdbeeren

nit Erdbeeren

Zubereitung

ca. 30 Minuten (ohne Backzeit) 6 Portionen

Zutaten

250 g Erdbeeren

150 g gemischte Waldfrüchte

(z.B. Brombeeren, Heidelbeeren, Himbeeren, eventuell TK)

75 g Crème fraîche

1 Eigelb

1 TL Speisestärke

100 g Zucker

1 Rolle TK-Pizzateig (230 g)

50 g gehackte Pistazien

Den Backofen auf 220° C vorheizen.

Alle Beeren waschen und putzen bzw. auftauen lassen. Die größeren Erdbeeren halbieren oder vierteln.

Créme fraîche mit Eigelb, Speisestärke und 50 g Zucker verrühren.

Die Teigplatte auf ein Blech legen, mit der Creme bestreichen und mit den Früchten belegen.

Die Pizza auf der unteren Schiene 15 Minuten backen. Aus dem Ofen nehmen und mit dem übrigen Zucker und Pistazien bestreuen. Warm servieren.

Tipp

Mit einer Portion Sahne wird diese Pizza zu einer wahren Schlemmerei!

zza mit Früchten

Früchten

Zubereitung

ca. 25 Minuten (ohne Backzeit) 10 Portionen

Zutaten

300 g Erdbeeren

2 Eiweiß

250 g weiche Butter

250 g Zucker

4 Eigelb

1 gehäufter TL Back-pulver

400 g Mehl

Fett und Semmelbrösel für die Form

Den Backofen auf 200° C vorheizen.

Die Erdbeeren waschen, putzen und grob pürieren. Das Eiweiß steif schlagen.

Die weiche Butter schaumig schlagen. Den Zucker nach und nach unterrühren, das Eigelb hinzugeben und alles kräftig verrühren. Das mit Backpulver gemischte und gesiebte Mehl hinzufügen. Zum Schluss den Eischnee unterheben.

Das Erdbeerpüree grob unter den Teig ziehen. Den Teig nicht mehr richtig durchmischen, damit eine schöne, deutliche Marmorierung entsteht.

Eine Kastenform (2 l Inhalt) einfetten und mit Semmelbröseln ausstreuen. Den Teig einfüllen und glatt streichen. Etwa 50 Minuten backen.

Zur Kontrolle mit einem Holzspießchen in den Kuchen stechen. Wenn kein Teig am Holz kleben bleibt, ist der Kuchen fertig. Den Kuchen aus dem Ofen nehmen, vorsichtig aus der Form lösen und auf einem Kuchengitter auskühlen lassen.

Tipp

Diesen Rührkuchen können Sie ohne weiteres schon am Vortag backen. Er schmeckt noch besser, wenn er ein wenig durchgezogen ist. Durch den fruchtigen Teig hält er sich ein paar Tage frisch. Servieren Sie den Kuchen mit Sahne.

[...]beer-Rührkuchen

Zubereitung

ca. 40 Minuten (ohne Kühlzeit)

10-12 Bällchen

Zutaten

Für den Teig:

4 Eier

100 g Zucker

40 g Butter

100 g Mehl

Für die Creme:

6 Blatt Gelatine

350 g Erdbeeren

100 g Zucker

175 g Quark

500 g Sahne

1 Pck. Vanillezucker

Außerdem:

Schokoladenkuvertüre

Das Backrohr auf 200° C vorheizen. Die Eier zusammen mit dem Zucker schaumig schlagen. Die Butter zerlassen und mit dem Mehl unter die Zuckermasse rühren. Ein Backblech mit Backpapier auslegen und den Teig darauf streichen. Etwa 10 bis 15 Minuten backen, aus dem Ofen nehmen, stürzen und das Backpapier vorsichtig entfernen.

Für die Creme die Gelatine einweichen. Die Erdbeeren waschen und putzen, 300 g davon pürieren, mit Zucker und Quark vermengen. Die Gelatine ausdrücken, auflösen und unter den Erdbeerquark rühren. Die Sahne mit Vanillezucker steif schlagen und unterheben.

Die Masse in kleine Halbkugel-Förmchen füllen oder mithilfe einer Eisportionier-Kelle Bällchen nebeneinander auf eine Platte legen. Aus dem Biskuitboden entsprechend große Kreise ausstechen oder schneiden und auf die Bällchen drücken.

Die Bällchen 4 bis 5 Stunden kalt stellen und anschließend in Papierförmchen stürzen. Mit der Kuvertüre und mit Erdbeerstückchen verzieren.

Erdbeer-Bällchen

Erdbeer-Bällchen

Zubereitung ca. 15 Minuten 4 Portionen

Zutaten

500 g Erdbeeren

3 Kiwis

2 unbehandelte Orangen

1/8 l Orangensaft

4 EL Maraschino (Kirschlikör)

Saft von einer halben Zitrone

Die Erdbeeren waschen und putzen, die Kiwis schälen. Beides in dünne Scheiben schneiden und dekorativ auf Tellern anrichten.

Die Orangen schälen. Aus den Orangenschalen einige feine Streifen schneiden und damit den Tellerrand verzieren.

Das Fruchtfleisch der Orangen in kleine Stücke schneiden. Die Orangenstücke mit Orangensaftsaft, Maraschino und Zitronensaft mischen und über die Erdbeeren und Kiwis gießen.

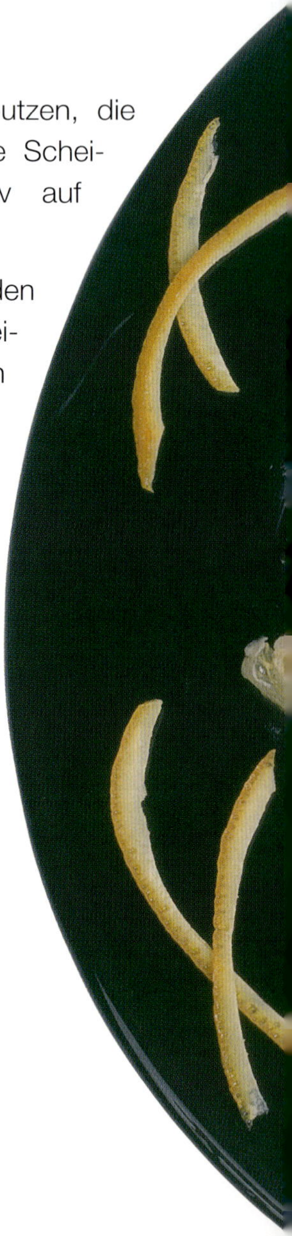

wi-Erdbeer-Salat

r-Salat

Zubereitung ca. 25 Minuten (ohne Kühlzeit) 4-6 Portionen

Zutaten

750 g Erdbeeren
50 g Puderzucker
4 EL Erdbeersirup
500 g Mascarpone
250 g Quark
2 EL Zitronensaft
75 g Amaretti (Mandelmakronen)

Erdbeeren waschen und putzen. 5 bis 10 Stück zum Garnieren beiseite legen. 250 g Erdbeeren mit Puderzucker und 2 EL Erdbeersirup pürieren, 500 g der Beeren mit dem restlichen Sirup mischen.

Mascarpone mit Quark, Erdbeerpüree und Zitronensaft verrühren.

Die Erdbeeren und die Creme in eine Schüssel schichten und 2 Stunden kühl stellen. Zum Servieren mit Erdbeeren und Amaretti garnieren.

ne-Erdbeer-Creme

-Creme

Zubereitung ca. 45 Minuten 6 Portionen

Zutaten

Für die Grießklößchen:

1 Bund Zitronenmelisse

1/8 l Milch

25 g Butter

1 EL Zucker

Salz

65 g Hartweizengrieß

2 Eier

Für die Kaltschale:

1 unbehandelte Zitrone

500 g Vollmilchjoghurt

½ l Milch

1 Pck. Vanillezucker

500 g Erdbeeren

Für die Grießklößchen die Zitronenmelisse waschen, trocken tupfen und hacken. Ein paar Blättchen für die Dekoration beiseite legen.

Milch, Butter, Zucker und eine Prise Salz zum Kochen bringen. Den Grieß einrühren, das Ganze kurz aufkochen lassen und dann vom Herd nehmen.

Nach und nach die Eier und die Melisse unter den Grieß rühren. Mit einem Löffel Klößchen aus dem Teig formen und diese in schwach kochendem Salzwasser ca. 5 Minuten ziehen lassen. Die Klößchen vorsichtig mit einem Schaumlöffel herausnehmen und auf einem Teller abkühlen lassen.

Für die Kaltschale die Zitrone unter heißem Wasser abbürsten, anschließend die Schale abreiben. Joghurt, Milch, die abgeriebene Zitronenschale und Vanillezucker verrühren.

Die Erdbeeren waschen und putzen. Die Grießklößchen und die Erdbeeren in die Joghurtmilch geben. Mit den restlichen Melisseblättchen dekorieren und servieren.

chen mit Joghurt

ghurt

Zubereitung

ca. 20 Minuten (ohne Backzeit) 12 Portionen

Zutaten

Für den Teig:

80 g Butter

50 g Puderzucker

50 g gemahlene Haselnüsse

1 Ei

200 g Mehl

Erbsen zum Blindbacken

Für den Belag:

500 g Erdbeeren

2 EL Stärke

2 EL Zitronensaft

1 Pck. Zitronenschalenaroma

200 g Créme fraîche

2 Eier

1 Eigelb

Butter, Puderzucker, Nüsse, Ei und Mehl zu einem glatten Teig verkneten, in Folie einschlagen und 30 Minuten kühl stellen. Backofen auf 200° C vorheizen.

Die Erdbeeren waschen, putzen und je nach Größe halbieren oder vierteln. Zusammen mit 4 EL Wasser, Stärke, Zitronensaft und dem Zitronenschalenaroma aufkochen lassen.

Eine Springform (28 cm Ø) mit Backpapier auslegen und mit dem Teig auskleiden. Mehrmals mit der Gabel einstechen. Backpapier darüber legen und mit Erbsen auffüllen. 15 Minuten bei 200° C backen. Dann Backpapier und Erbsen entfernen und weitere 15 Minuten backen.

Das Erdbeerkompott auf dem Teig verteilen. Zucker, Créme fraîche, Eier und Eigelb gut verrühren und über das Erdbeerkompott streichen.

Bei 180° C 20 Minuten backen. Auskühlen lassen.

Erdbeer-Tarte

Erdbeer-Tarte

Zubereitung

ca. 15 Minuten 4 Portionen

Zutaten

150 g Rucola
300 g Erdbeeren
200 g Wildlachs
Weißer Balsamico
Olivenöl
Pfeffer frisch gemahlen
Parmesan

Rucola waschen, trocknen, schleudern und schneiden. Erdbeeren waschen, putzen und vierteln. Den Wildlachs in mundgerechte Streifen schneiden.

Alle Zutaten vermengen, mit Balsamico, Olivenöl und frisch gemahlenem Pfeffer würzen. Den Salat mit grob geraspeltem Parmesan garnieren.

ola und Wildlachs

Rezeptverzeichnis

Impressum

Marktplatz 6
86343 Königsbrunn

Genehmigte Lizenzausgabe
Krone Verlag
Am Hallenbad 7
44534 Lünen / Westf.

Fotografien: Dr. Peter Albrecht,
außer: Titelbild: unpict – Fotolia, S. 10 Alex – Fotolia.

Layout, Satz und Gestaltung:
REAL Satz + Druck GmbH, 89312 Günzburg

ISBN 978-3-940486-38-7

Printed in EU